Loi 49-956 du 16 juillet 1949 sur les publications destinées
à la jeunesse, modifiée par la loi 2011-525 du 17 mai 2011
Maquette : Laurence Moinot
N° d'édition : 547912 — ISBN-13 : 9782492768477
Imprimé en Lettonie par Jelgavas Tipografija
Dépôt légal : second semestre 2022

MINISTERSTVO
KULTURY

Ce livre a été publié avec le concours du Ministère de la Culture
de la République tchèque

COMMENT DORMENT LES ANIMAUX

Illustrations
de Marie Štumpfová

Texte
de Jiří Dvořák

Traduction du tchèque
d'Anaïs Raimbault

la PARTiE doc

Pélican

Les pélicans aiment être en groupe. Ils pêchent, se chauffent au soleil et dorment ensemble. Lorsque les environs ne leur semblent pas sûrs, l'un d'entre eux reste éveillé. Il monte la garde. Les autres cachent leur tête sous leur aile, et dans cette obscurité blanche comme les plumes d'un pélican ils s'assoupissent. Flic-flac.

Poisson-perroquet

Le poisson-perroquet vit dans des eaux chaudes et salées, au milieu des coraux. Chaque nuit, il se construit une maison : une bulle de salive qui le protège des attaques des poissons prédateurs. À son réveil, il la perce et se plonge dans une bulle bien plus grande. Une bulle que l'on peut appeler mer. Ou bien monde.

Bourdon

Une fois qu'un petit garçon bourdon a quitté le nid, il n'y revient plus. Pendant la journée, il sirote du nectar et court après les futures reines ; le soir, il trouve un petit recoin où replier ses ailes. Parfois, il se cache dans une fleur, car il y fait plus chaud qu'à l'extérieur ; d'autres fois, il s'accroche à la plante. Engourdi et ankylosé, il semble malade. Mais ce n'est que la fraîcheur de la nuit qui l'a privé de sa force. Au petit matin, dès qu'il fait plus chaud, il s'envole à nouveau vers le monde des douceurs. Le soleil recharge ses batteries. Les nôtres aussi.

Loutre de mer

La loutre de mer passe presque toute sa vie dans l'eau. Elle y chasse, y joue et y dort. Elle se retourne sur le dos, s'allonge sur les vagues et s'accroche aux longs filaments des algues. Car il ne faudrait pas que le courant l'emporte. Les petits se couchent sur le ventre de leur maman et ils ferment les yeux tous en même temps… Au-dessus de leurs têtes, une couverture noire percée d'étoiles ; sous leurs échines, un lit salé qui les bercera jusqu'au petit matin.

Phoque

C'est comme s'il s'enfonçait dans la couette : quand il veut faire un petit somme, le phoque se cache sous l'eau. Il ferme le clapet de ses narines pour empêcher l'eau d'y entrer, et il éteint la moitié de son cerveau : il dort à demi. Il ne se réveille que lorsqu'il a besoin de prendre une inspiration : tous les quarts d'heure pour les petits, jusqu'à une demi-heure pour les adultes. Vite, vite, une bouffée d'air, et attention : il ne faudrait pas qu'apparaisse un ours polaire ! Puis il redescend dans les profondeurs de la mer, et du sommeil. Là où personne ne peut le rejoindre.

Ours blanc

Les ours blancs ne passent pas l'hiver à dormir, à la différence des ours bruns. Par contre, ils savent s'endormir profondément lorsqu'ils en ont besoin. L'ourse qui attend des petits dort longtemps dans sa tanière. L'ours surpris par l'orage creuse un trou dans la neige et se laisse recouvrir d'un blanc duvet. Lorsqu'une famille d'ours est épuisée après une longue nage en mer, elle grimpe sur un bloc de glace pour y faire un somme. Oubliant la froide profondeur d'en haut et d'en bas, les ours reprennent des forces pour leur prochain voyage. Le froid est leur maison : si la mer était ne serait-ce qu'un peu plus chaude, les glaces fondraient, et ils n'auraient pas où reposer leur tête…

Flamant rose

Endormi, le flamant rose se tient sur une seule patte. Pas par exubérance, mais parce que comme ça l'eau fraîche le refroidit moins. Il tourne sa tête contre le vent : ainsi, en cas de pluie, il ne sera pas mouillé sous ses plumes. Il est donc planté là, à la surface de l'eau, comme un arbre au tronc haut et élancé. Et lorsque le vent se met à souffler, il se laisse bercer.

Muscardin

À l'arrivée du printemps, tout juste réveillé, le muscardin pense déjà à se recoucher. Vite, il se construit des nids d'herbes et de feuilles : un nid sur une branche, un autre dans un nichoir, un autre encore dans une cavité… Il en utilise un pour élever ses petits ; les autres sont juste pour s'y reposer. Les muscardins vivent dans toutes les forêts ou presque. Mais alors, pourquoi n'en avez-vous jamais vu ? Parce qu'ils dorment le jour et se réveillent quand c'est nous qui nous glissons sous la couette. Si un jour, dans un buisson, vous trouvez une petite niche de brins emmêlés dans laquelle respire une fourrure toute rousse et toute douce, ne faites pas de raffut…

Girafe

La girafe ne dort pas beaucoup. Juste deux petites heures, qu'elle divise en roupillons d'à peine cinq minutes ; après quoi, elle tend l'oreille loin dans le noir, pour savoir si un lion ne s'y glisse justement pas. Par contre, elle fait beaucoup de rêves. De courts rêves de girafe, à propos d'acacias bien juteux, de courses dans la savane, d'ombre rafraîchissante à midi… Sa tête en vibre encore lorsque le matin la surprend, les sabots au sol et la tête appuyée sur une branche presque dans les nuages.

Chat

De tous les mammifères, ce sont les chats qui dorment le plus : jusqu'à seize heures par jour. Ils sont capables de s'assoupir n'importe où : sur une chaise, dans un carton ou au pied d'un lit. Si vous avez chez vous une mamie chat de neuf ans, dites-vous qu'elle n'a passé que trois années à courir le monde les yeux ouverts. Le reste du temps, elle l'a passé à dormir. C'est sans doute pour cela que les chats font des rêves, et ce dès la première semaine de leur vie de chatons, à ce que l'on dit. Des rêves dans lesquels les souris sont plus dodues, le lait bien crémeux et où les chiens ne savent pas courir. Pas même les lévriers. Bonne nuit.

Python vert

Le python vert dort toute la journée. Il trouve une branche autour de laquelle il fait deux tours, puis il pose sa tête au milieu de cette boucle. Comme s'il avait tressé un nid de son corps. Parmi les feuilles, dans la pénombre de la forêt vierge, personne ne le remarque. Le soir, le python revient à lui. Il balance sa queue et il guette : qui vient voir ce qui bouge là est attrapé et avalé. Puis il s'enroule à nouveau autour de sa branche, pose sa tête au milieu de la boucle et s'endort. Grossi d'une souris curieuse…

Renard

Le renard passe souvent la journée à dormir dans son terrier, mais il aime également se chauffer sur une pente ensoleillée. Il se roule en boule, sa queue sous sa tête en guise d'oreiller, et il ferme les yeux… Il a tout son temps. Ce n'est qu'à la tombée de la nuit qu'il part à la chasse. Nombreux sont les renards vivant autour de nous, dans les forêts, les champs et même les parcs. Mais nous l'ignorons. Ils savent se cacher, et peu leur importe notre compagnie. Sans doute que nous ne leur semblons pas assez intelligents.
Nous dormons trop peu.

Paon

Le jour, il déambule au sol et se repaît d'admiration, mais la nuit, le paon aime se trouver une place dans la couronne d'un arbre. Là où ne peuvent l'atteindre ni les renards ni les chiens sauvages qui pourraient se glisser dans la nuit. Fermement agrippé à une branche, le paon replie sa queue, incline sa tête et s'endort, comme s'il avait fermé un millier d'yeux d'un seul coup. Mais il ne fait qu'un seul rêve à la fois.

Chameau

Qui veut dormir sur le sable chaud a besoin d'un matelas et, mieux encore, d'un ventilateur. Le chameau a tout cela. Il ne s'allonge pas : il dort à genoux. Comme ça, il ne touche le sable qu'avec ses genoux et ses coudes, dont la peau calleuse le protège des brûlures. Et il laisse la brise nocturne passer en soufflant sous son ventre. La nuit du désert refroidit les réserves de graisse qu'il porte dans ses bosses : au matin, c'est comme s'il avait sur le dos un glaçon qui le rafraîchira lorsque le désert redeviendra brûlant. Mais c'est déjà l'heure du départ, vers l'oasis ou le mirage. Les chameaux ne les confondent pas ; les meneurs de caravane, parfois, si…

Chien

Les chiens passent une bonne partie de la journée à dormir, et les chiots une partie encore plus longue. Mais ils ne sont plongés dans un sommeil profond qu'une fraction de ce temps. D'habitude, ce n'est qu'à mi-pattes qu'ils trempent dans la somnolence, les yeux fermés, mais le nez et les oreilles à l'affût des odeurs et des bruits alentour… Et si jamais ? Tous ceux qui en ont élevé ont dû remarquer que les chiens faisaient des rêves. Même les chiens le savent, et si besoin ils sont capables de tirer doucement un copain d'un mauvais rêve. Peut-être que les hommes ont appris cela des chiens. À moins que ce ne soit le contraire.

Martinet noir

C'est comme si le martinet noir ne dormait que d'un œil. Lorsque tombe la nuit, la volée de martinets monte aussi haut que possible dans le ciel. Puis les oiseaux déploient leurs ailes et descendent peu à peu en planant, cachés dans l'obscurité et le sommeil. Ou plutôt le demi-sommeil : la moitié de leur cerveau dort, tandis que l'autre moitié surveille l'approche de la terre, ou d'un rapace… Ainsi, les jeunes martinets noirs passent deux années en vol. Ils ne se posent que lorsqu'il est temps de construire leur nid. C'est le début d'une nouvelle vie, pleine de chasse aux mouches, de gazouillis et de plumes tirées. Là non plus ils ne dorment pas beaucoup.